AF200913

Impressum
Verlag: BABADADA GmbH, Nedderfeld 112 , 22529 Hamburg
Geschäftsführer / Verlagsleitung: Harald Hof
Druck: Books on Demand GmbH, In de Tarpen 42, 22848 Norderstedt

Imprint
Publisher: BABADADA GmbH, Nedderfeld 112 , 22529 Hamburg, Germany
Managing Director / Publishing direction: Harald Hof
Print: Books on Demand GmbH, In de Tarpen 42, 22848 Norderstedt

sekolah
l'école

ruang kelas
la salle de classe

membagi
diviser

186/2

papan
le tableau noir

halaman sekolah
la cour (de récréation)

guru
le professeur

kertas
le papier

menulis
écrire

pena
le stylo

meja kerja
le bureau

penggaris
la règle

buku
le livre

murit
l'élève

tas sekolah

le cartable

tempat pensil

la trousse

pensil

le crayon

pengasah pensil

le taille-crayon

penghapus

la gomme

kertas gambar

le carnet à dessin

gambar

le dessin

kuas

le pinceau

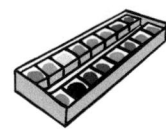

kotak cat

la boîte de peinture

gunting

les ciseaux

lem

la colle

buku latihan

le cahier d'exercices

pekerjaan rumah

les devoirs

angka

le chiffre

tambhakan

additionner

mengurangi

soustraire

mengalikan

multiplier

menghitung

calculer

huruf

la lettre

alfabet

l'alphabet

kata

le mot

teks

le texte

membaca

lire

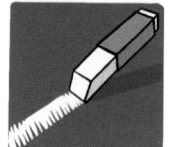

kapur

la craie

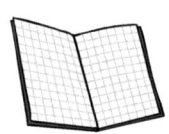

pelajaran

la leçon

daftar

le livre de classe

ujian

l'examen

sertifikat

le certificat

seragam sekolah

l'uniforme scolaire

pendidikan

la formation

ensiklopedi

le lexique

universitas

l'université

mikroskop

le microscope

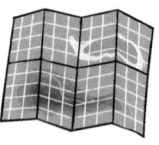

peta

la carte

tempat sampah

la corbeille à papier

sekolah - l'école

perjalanan
le voyage

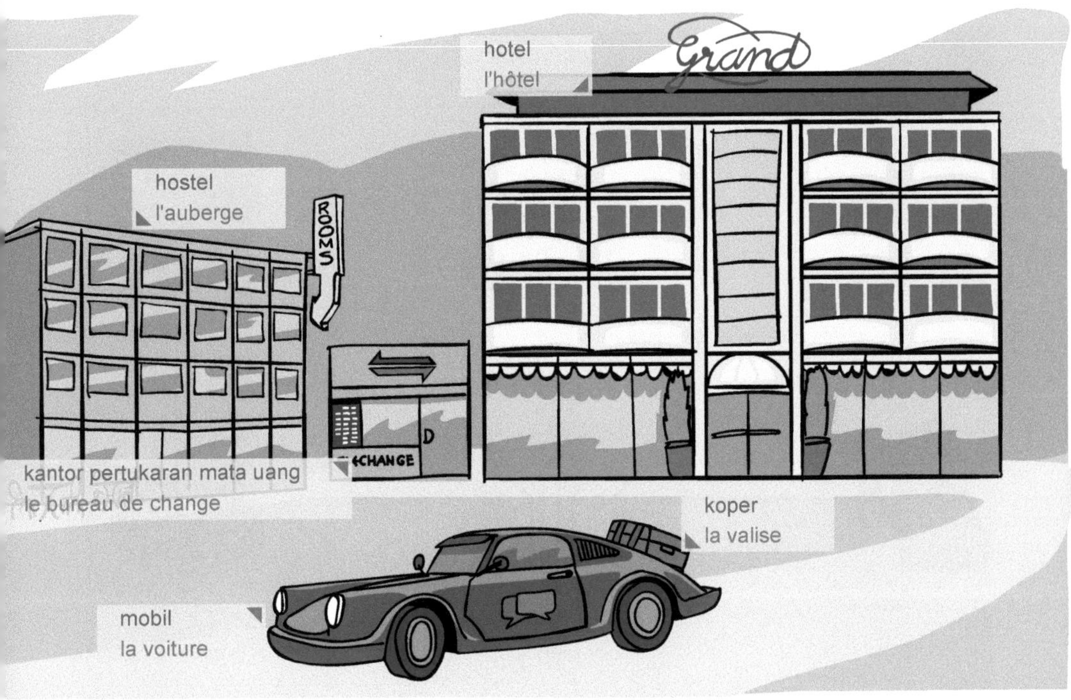
hotel
l'hôtel
Grand
hostel
l'auberge
ROOMS
kantor pertukaran mata uang
le bureau de change
koper
la valise
mobil
la voiture

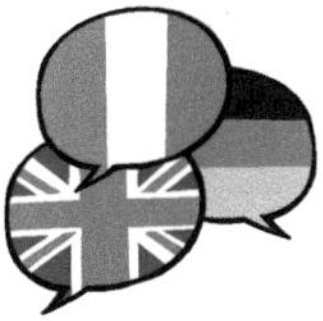

bahasa	ya / tidak	okay
la langue	oui / non	d'accord
hallo	penerjemah	terima kasih
Salut	l'interprète	merci

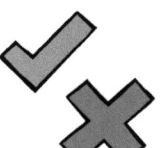

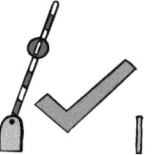

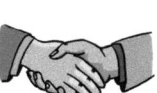

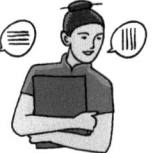

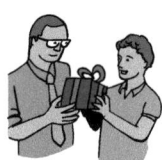

Berapa harganya…?

Combien coûte…?

saya tidak mengerti

Je ne comprends pas

masalah

le problème

Selamat malam!

Bonsoir !

Selamat siang!

Bonjour !

Selamat tidur!

Bonne nuit !

sampai jumpa

Au revoir

arah

la direction

bagasi

les bagages

tas

le sac

ransel

le sac-à-dos

tamu

l'hôte

ruang

la pièce

kantong tidur

le sac de couchage

tenda

la tente

perjalanan - le voyage

informasi wisata

l'office de tourisme

pantai

la plage

kartu kredit

la carte de crédit

sarapan

le petit-déjeuner

makan siang

le déjeuner

makan malam

le dîner

tiket

le billet

elevator

l'ascenseur

perangko

le timbre

perbatasan

la frontière

cukai

la douane

kedutaan

l'ambassade

visa

le visa

paspor

le passeport

transportasi

le transport

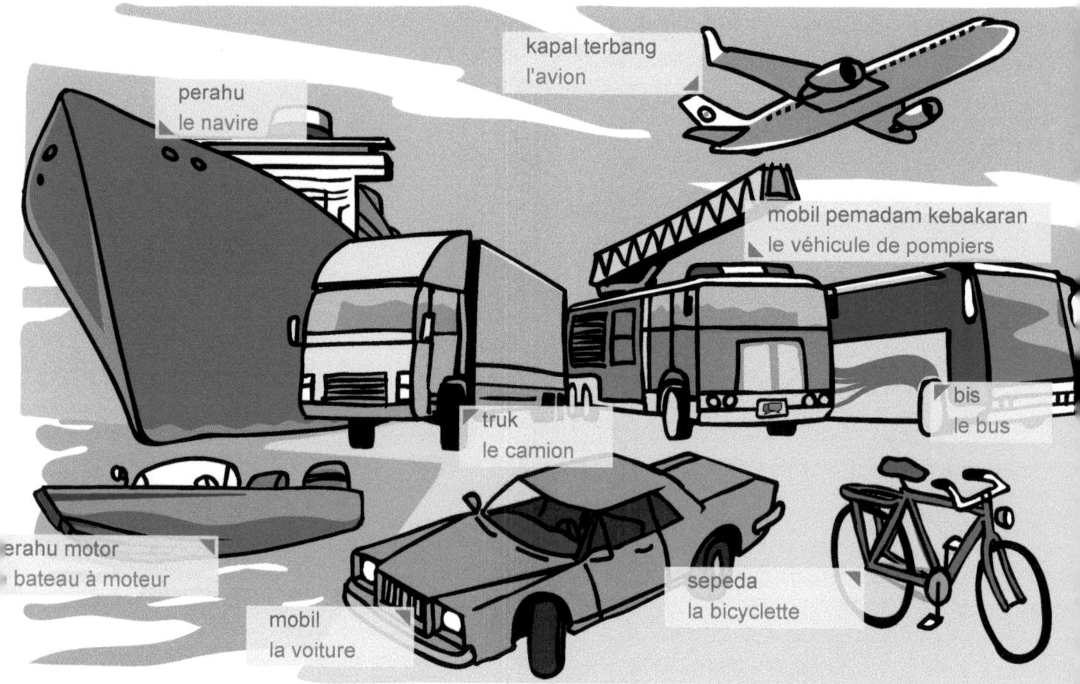
kapal terbang
l'avion
perahu
le navire
mobil pemadam kebakaran
le véhicule de pompiers
truk
le camion
bis
le bus
erahu motor
bateau à moteur
sepeda
la bicyclette
mobil
la voiture

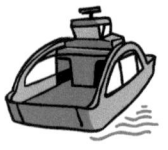

feri

le ferry

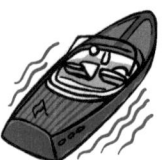

perahu

la barque

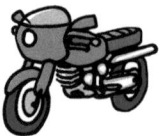

sepeda motor

la moto

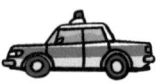

mobil polisi

la voiture de police

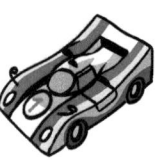

mobil balapan

la voiture de course

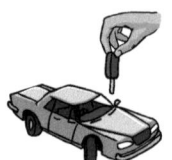

mobil sewa

la voiture de location

berbagi mobil

l'auto-partage

truk derek

la voiture de remorquage

truk sampah

la benne à ordures

motor

le moteur

bahan bakar

l'essence

bensin

la station d'essence

tanda lalulintas

le panneau indicateur

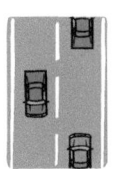

lalulintas

le trafic

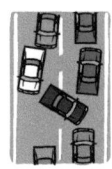

macet

l'embouteillage

parkir mobil

le parking

stasiun kereta

la gare

trek

les rails

kereta api

le train

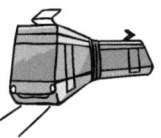

tram

le tramway

gerobak

le wagon

helikopter

l'hélicoptère

bendara

l'aéroport

menara

la tour

penumpang

le passager

container

le conteneur

karton

le carton

troli

le chariot

keranjang

la corbeille

berangkat / mendarat

décoller / atterrir

kota

la ville

desa

le village

pusat kota

le centre-ville

rumah

la maison

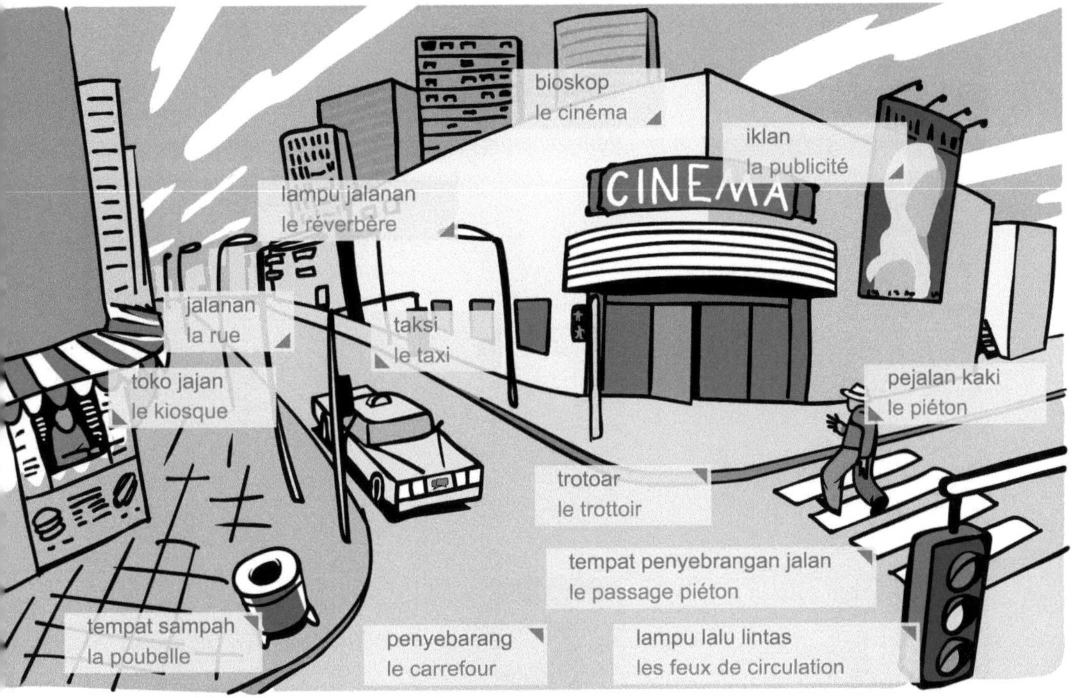
bioskop
le cinéma
iklan
la publicité
CINEMA
lampu jalanan
le réverbère
jalanan
la rue
taksi
le taxi
toko jajan
le kiosque
pejalan kaki
le piéton
trotoar
le trottoir
tempat penyebrangan jalan
le passage piéton
tempat sampah
la poubelle
penyebarang
le carrefour
lampu lalu lintas
les feux de circulation

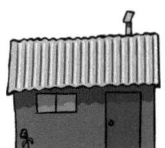

gubuk

la cabane

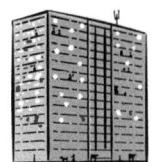

rumah flat

l'appartement

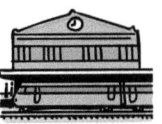

stasiun kereta

la gare

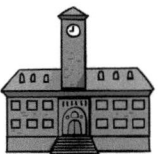

balai kota

la mairie

MUSEUM

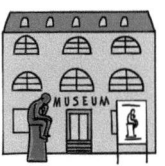

museum

le musée

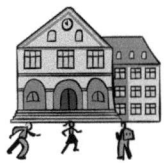

sekolah

l'école

universitas

l'université

bank

la banque

rumah sakit

l'hôpital

hotel

l'hôtel

farmasi

la pharmacie

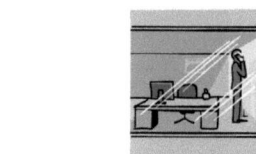

kantor

le bureau

toko buku

la librairie

toko

le magasin

toko bunga

le fleuriste

supermarket

le supermarché

pasar

le marché

toko serba ada

le grand magasin

nelayan

la poissonnerie

pusat belanja

le centre commercial

pelabuhan

le port

taman
le parc

banku
la banque

jembatan
le pont

tangga
les escaliers

kereta bawah tanah
le métro

terowongan
le tunnel

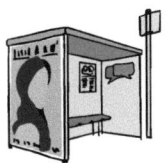

pemberhantian bis
l'arrêt de bus

bar
le bar

restauran
le restaurant

kotak surat
la boîte à lettres

tanda jalan
le panneau indicateur

meteran parkir
le parcmètre

kebun binatang
le zoo

kolam renang
le réverbère

mesjid
la mosquée

pertanian

la ferme

polusi

la pollution

kuburan

la cimetière

gereja

l'église

tempat bermain

l'aire de jeux

pura

le temple

pemandangan
le paysage

daun
la feuille

penunjuk arah
le panneau indicateur

jalanan
le chemin

padang rumput
le pré

batu
la pierre

pejalak kaki
le randonneur

pohon
l'arbre

sungai
la rivière

rumput
l'herbe

bunga
la fleur

lembah

la vallée

bukit

la montagne

danau

le lac

hutan

la forêt

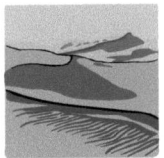

padang gurun

le désert

gunung berapi

le volcan

istana

le château

pelangi

l'arc-en-ciel

jamur

le champignon

pohon palem

le palmier

nyamuk

le moustique

lalat

la mouche

semut

les fourmis

lebah

l'abeille

laba-laba

l'araignée

kumbang

le coléoptère

kodok

la grenouille

tupai

l'écureuil

landak

le hérisson

kelinci

le lièvre

burung hantu

la chouette

burung

l'oiseau

angsa

le cygne

babi jantan

le sanglier

rusa

le cerf

rusa

l'élan

bendungan

le barrage

turbin angin

l'éolienne

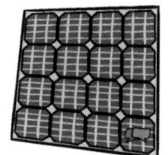

panel surya

le panneau solaire

iklim

le climat

restauran
le restaurant

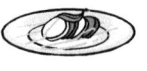

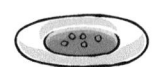

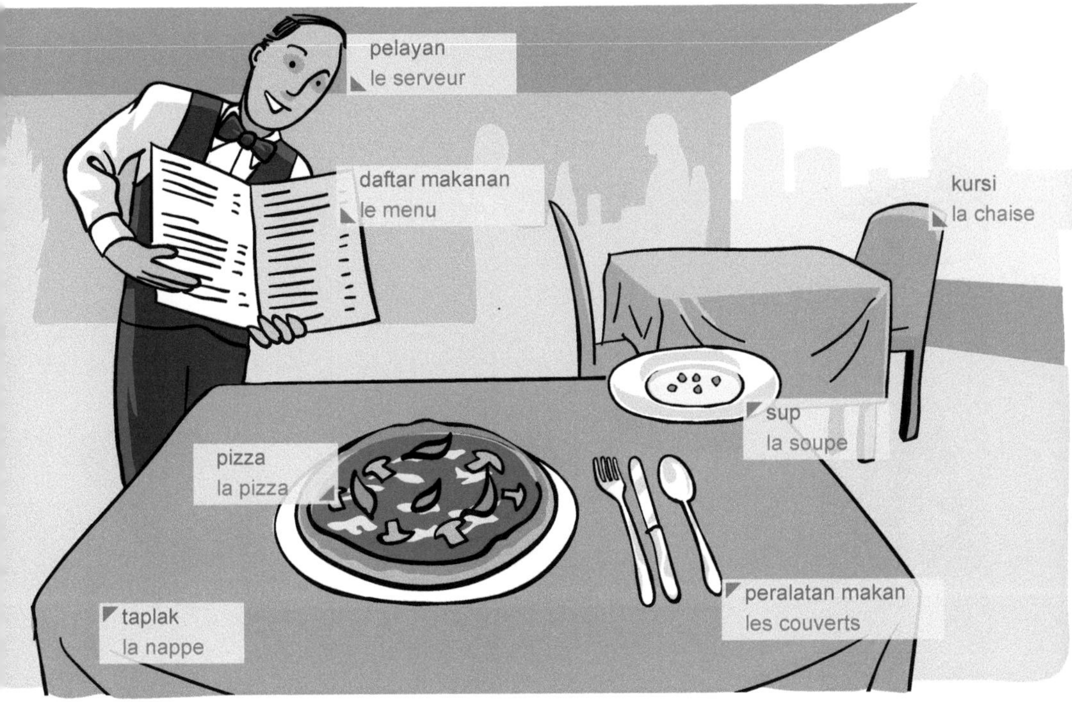
pelayan
le serveur
daftar makanan
le menu
kursi
la chaise
sup
la soupe
pizza
la pizza
peralatan makan
les couverts
taplak
la nappe

hindangan pembuka

les hors d'œuvre

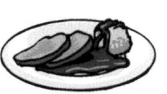

hidangan utama

le plat principal

hidangan penutup

le dessert

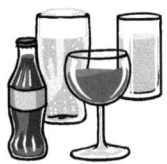

minuman

les boissons

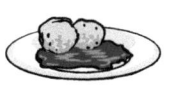

makanan

l'alimentation

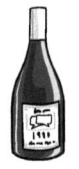

botol

la bouteille

fastfood

le fast-food

masakan jalanan

les plats à emporter

teko teh

la théière

kaleng gula

le sucrier

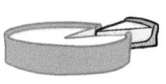

porsi

la portion

mesin espresso

la machine à expresso

kursi tinggi

la chaise haute

tagihan

la facture

baki

le plateau

pisau

le couteau

garpu

la fourchette

sendok

la cuillère

sendok teh

la cuillère à thé

serbet

la serviette

gelas

le verre

restauran - le restaurant

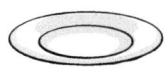

piring

l'assiette

piring sup

l'assiette à soupe

lepek

la soucoupe

saus

la sauce

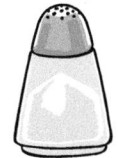

tempat garam

la salière

gilingan merica

le moulin à poivre

cuka

le vinaigre

minyak

l'huile

bumbu

les épices

saus tomat

le ketchup

mustar

la moutarde

mayones

la mayonnaise

supermarket

le supermarché

penawaran khusus
l'offre promotionnelle
FOR
klien
le client
produk susu
les produits laitiers
buah
les fruits
troli
le chariot

BUTCHERS

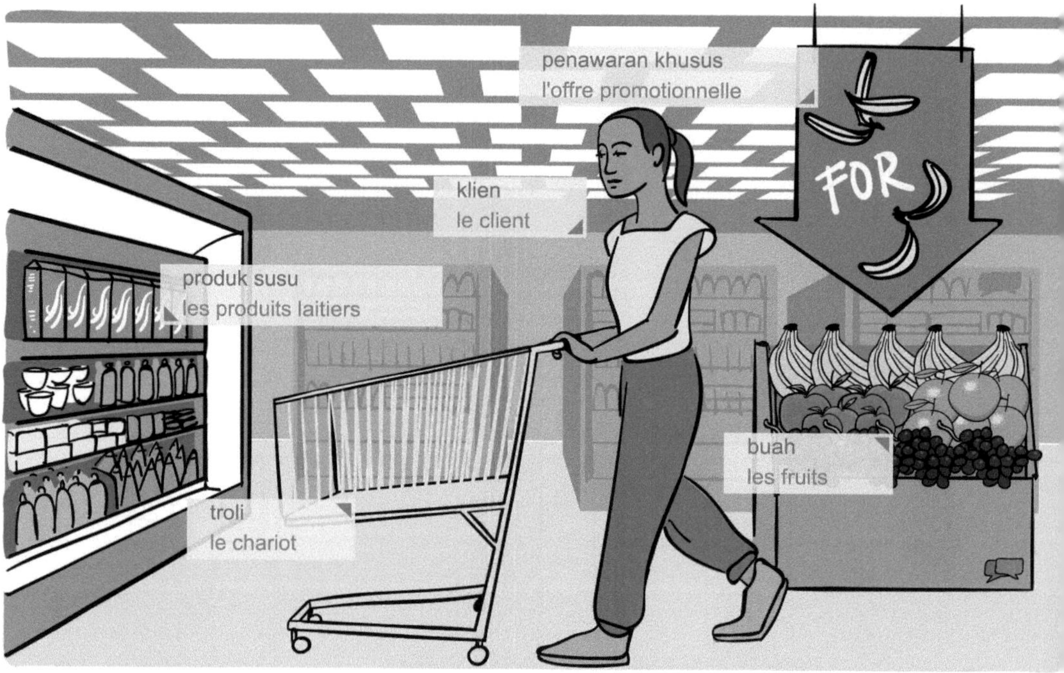

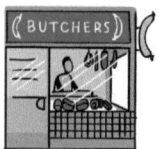

pembantai

la boucherie

BAKERY

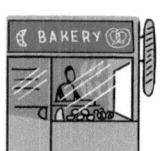

toko roti

la boulangerie

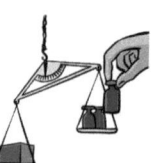

menimbang

peser

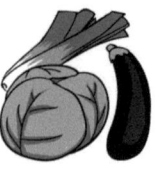

sayur

les légumes

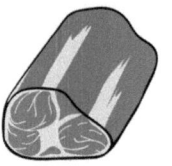

daging

la viande

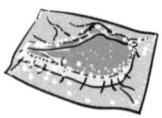

makanan beku

les aliments surgelés

pemotongan dingin

la charcuterie

makanan kaleng

les conserves

sabun serbuk

la poudre à lessive

permen

les bonbons

alat-alat rumah tangga

les articles ménagers

obat pembersihan

les détergents

penjual

la vendeuse

kasa

la caisse

kasir

le caissier

daftar belanja

la liste d'achats

jam buka

les heures d'ouverture

dompet

le portefeuille

kartu kredit

la carte de crédit

tas

le sac

kantong plastik

le sac en plastique

air
....
l'eau

jus
....
le jus de fruit

susu
....
le lait

cola
....
le coca

anggur
....
le vin

bir
....
la bière

alkohol
....
l'alcool

coklat
....
le chocolat chaud

teh
....
le thé

kopi
....
le café

espresso
....
l'expresso

cappucino
....
le cappuccino

pisang

la banane

apel

la pomme

jeruk

l'orange

semangka

le melon

jeruk lemon

le citron.

wortel

la carotte

bawang putih

l'ail

bambu

le bambou

bawang bombai

l'oignon

jamur

le champignon

kacang

les noisettes

mi

les pâtes

spagetti

les spaghetti

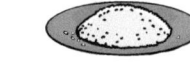

nasi

le riz

salat

la salade

kentang goreng

les pommes frites

kentang goreng

les pommes de terre rôties

pizza

la pizza

hamburger

le hamburger

sandwich

le sandwich

sayatan

l'escalope

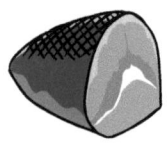

ham

le jambon

salami

le salami

sosis

la saucisse

ayam

le poulet

menggoreng

le rôti

ikan

le poisson

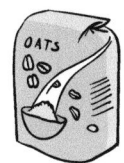

bubur gandum

les flocons d'avoine

sereal

le muesli

cornflakes

les cornflakes

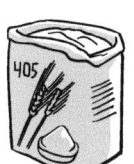

tepung

la farine

croissant

le croissant

roti

les petits-pains

roti

le pain

toast

le pain grillé

biskuit

les biscuits

mentega

le beurre

dadih

le fromage blanc

kue

le gâteau

telur

l'œuf

telur goreng

l'œuf au plat

keju

le fromage

eskrim

la glace

gula

le sucre

madu

le miel

selai

la confiture

krim nugat

la crème nougat

kare

le curry

makanan - l'alimentation

pertanian
la ferme

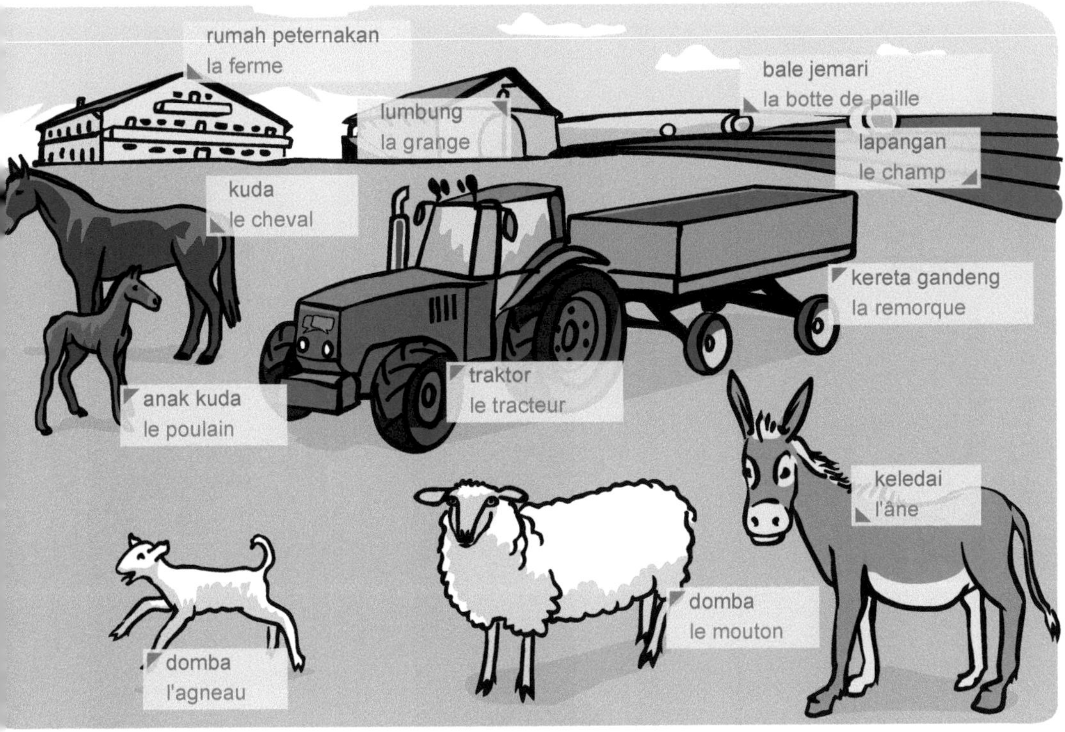
rumah peternakan
la ferme
lumbung
la grange
bale jemari
la botte de paille
lapangan
le champ
kuda
le cheval
kereta gandeng
la remorque
anak kuda
le poulain
traktor
le tracteur
keledai
l'âne
domba
le mouton
domba
l'agneau

kambing
la chèvre

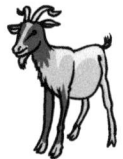

sapi
la vache

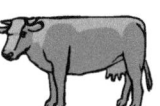

betis
le veau

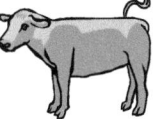

babi
le porc

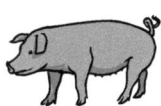

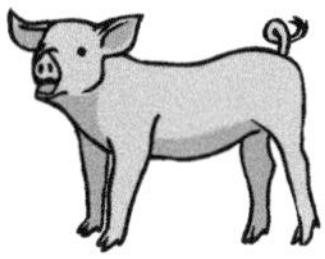

celeng
le porcelet

banteng
le taureau

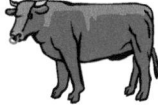

angsa

l'oie

bebek

le canard

anak ayam

le poussin

ayam

la poule

ayam jantan

le coq

tikus

le rat

kucing

le chat

tikus

la souris

lembu

le bœuf

anjing

le chien

rumah anjing

le chenil

selang

le tuyau de jardin

penyiram

l'arrosoir

sabit

la faucheuse

bajak

la charrue

sabit

la faucille

cangkul

la pioche

garpu rumput

la fourche

kapak

la hache

gerobak

la brouette

palung

la cuve

kaleng susu

le pot à lait

karung

le sac

pagar

la clôture

kandang

l'étable

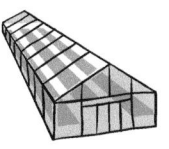

rumah kaca

le serre

tanah

le sol

benih

les semences

pupuk

l'engrais

mesin pemanen

la moissonneuse-batteuse

panen

récolter

panen

la récolte

yams

l'igname

gandum

le blé

kedelai

le soja

kentang

la pomme de terre

jagung

le maïs

lobak

le colza

pohon buah

l'arbre fruitier

singkong

le manioc

sereal

les céréales

rumah
la maison

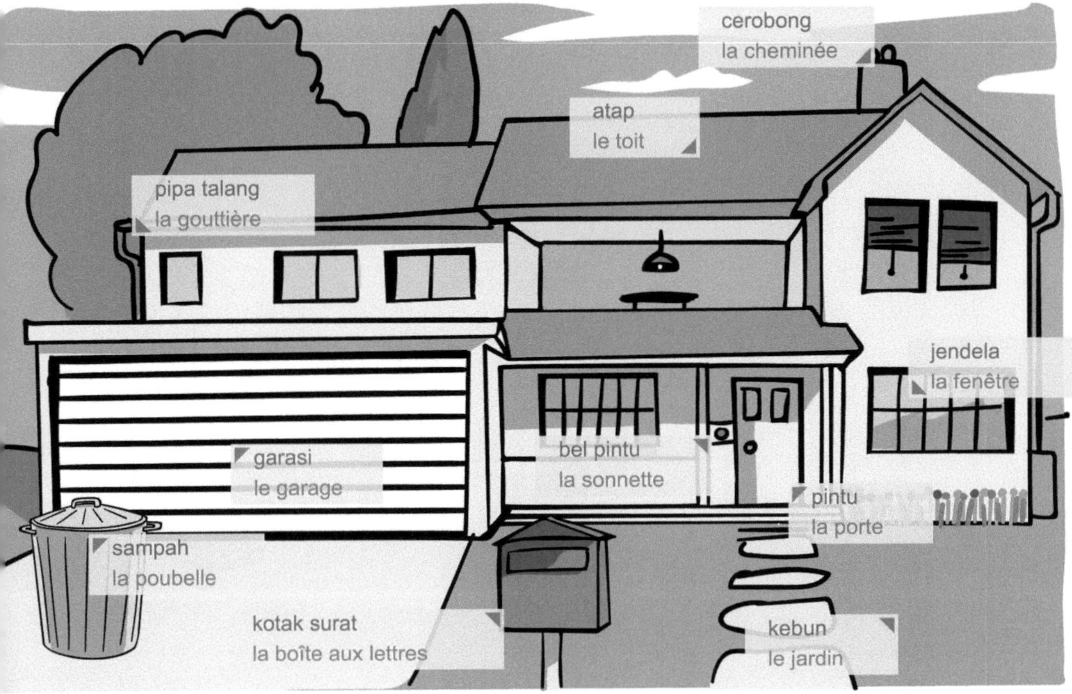
cerobong
la cheminée
atap
le toit
pipa talang
la gouttière
jendela
la fenêtre
garasi
le garage
bel pintu
la sonnette
pintu
la porte
sampah
la poubelle
kotak surat
la boîte aux lettres
kebun
le jardin

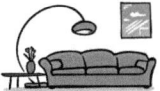

ruang tamu

le salon

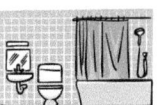

kamar mandi

la salle de bain

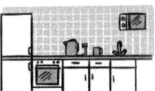

dapur

la cuisine

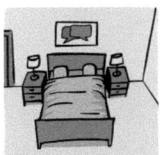

kamar tidur

la chambre à coucher

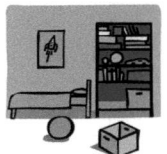

kamar anak

la chambre d'enfant

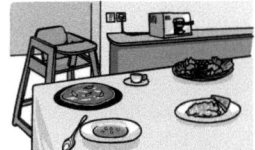

kamar makan

la salle à manger

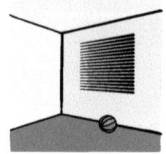

lantai

le sol

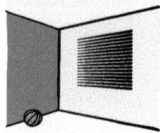

tembok

le mur

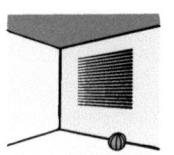

atap

le plafond

gudang di bawah tanah

la cave

sauna

le sauna

balkon

le balcon

teras

la terrasse

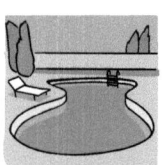

kolam renang

la piscine

mesin pemotong rumput

la tondeuse à gazon

sprei

la housse

selimut

la couette

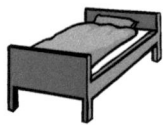

tempat tidur

le lit

sapu

le balai

ember

le sceau

tombol

l'interrupteur

rumah - la maison

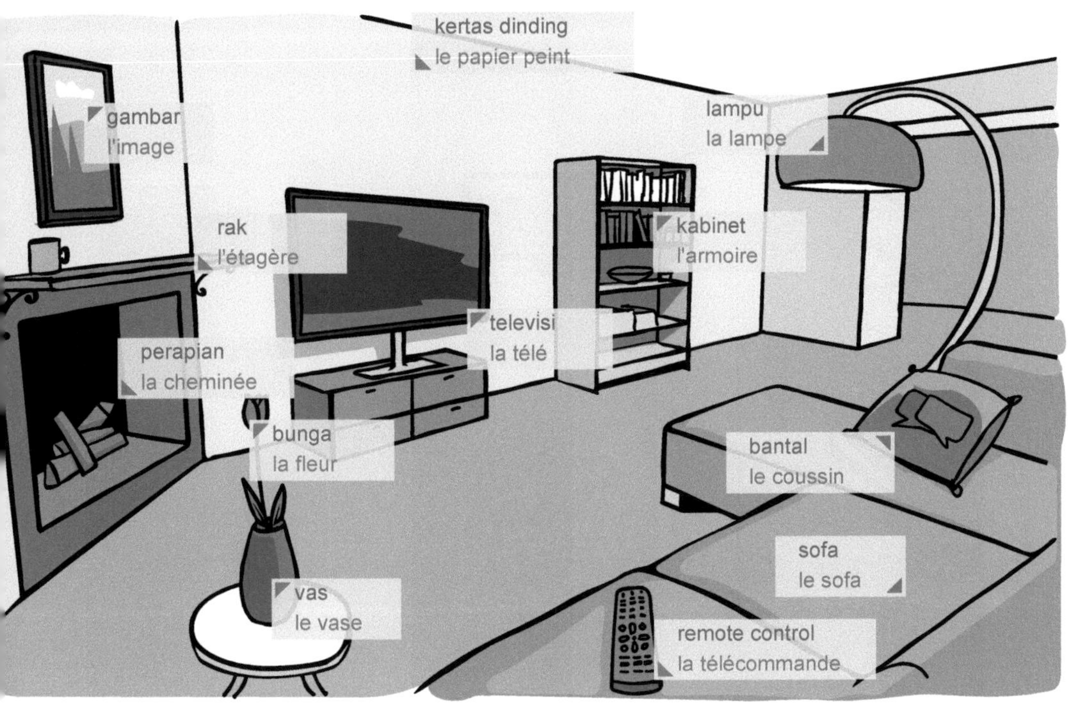

kertas dinding
le papier peint

gambar
l'image

lampu
la lampe

rak
l'étagère

kabinet
l'armoire

televisi
la télé

perapian
la cheminée

bunga
la fleur

bantal
le coussin

sofa
le sofa

vas
le vase

remote control
la télécommande

karpet
le tapis

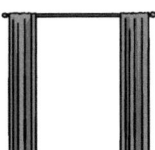

korden
le rideau

meja
la table

kursi
la chaise

kursi goyang
la chaise à bascule

kursi malas
le fauteuil

buku

le livre

selimut

la couverture

dekorasi

la décoration

kayu bakar

le bois de chauffage

filem

le film

hi-fi

la chaîne hi-fi

kunci

la clé

koran

le journal

lukisan

la peinture

poster

le poster

radio

la radio

buku tulis

le bloc-notes

penyedot debu

l'aspirateur

kaktus

le cactus

lilin

la bougie

dapur
la cuisine

kulkas
le réfrigérateur
mesin pemanggang
le four à micro-ondes
timbangan
la balance de cuisine
pemanggang roti
le grille-pain
deterjen
le détergent
kompor
le four
lemari es
le compartiment congélateur
sampah
la poubelle
mesin pencuci piring
le lave-vaisselle

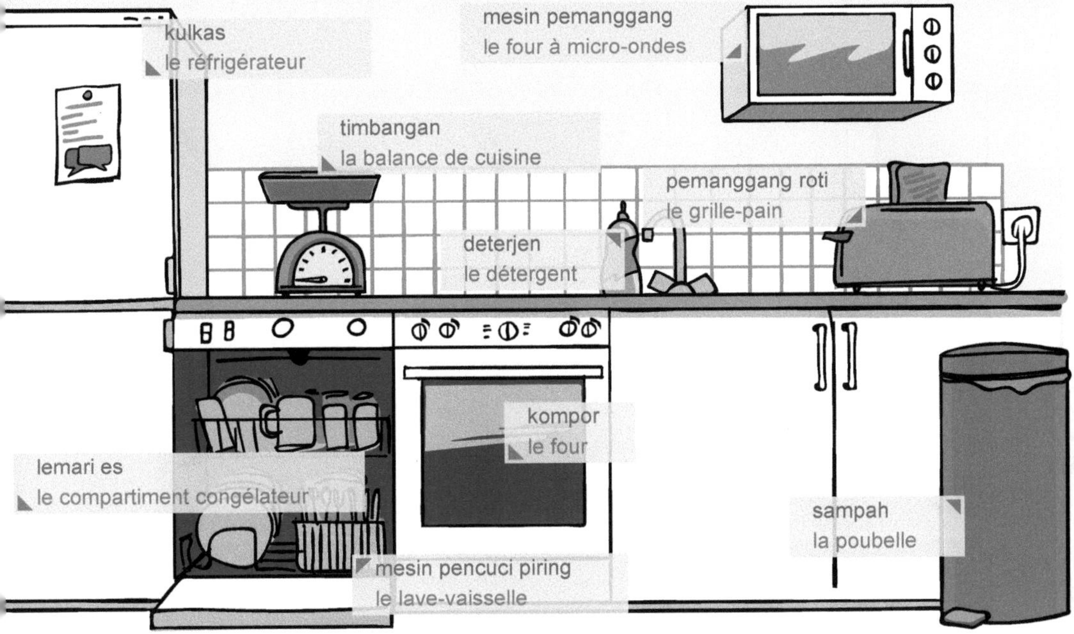

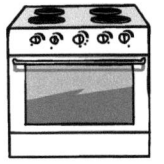

kompor

le four

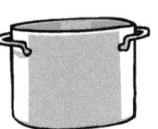

panci

la casserole

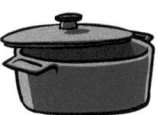

panci besi

la marmite

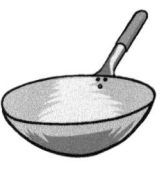

wajan

le wok / kadai

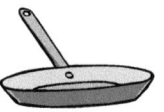

panci

la poêle

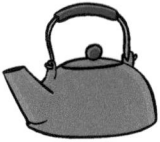

pemanas air

la bouilloire electrique

panci pengukus makanan

le cuiseur vapeur

nampan

la plaque de cuisson

piring

la vaisselle

cangkir

le gobelet

mangkok

la coupe

sumpit

les baguettes

sendok sup

la louche

sudip

la spatule

mengocok

le fouet

saringan

la passoire

saringan

le tamis

parutan

la râpe

mortir

le mortier

barbeque

le barbecue

api terbuka

la cheminée

papan memotong

la planche à découper

gilingan

le rouleau à pâtisserie

alat pembuka botol

le tire-bouchon

kaleng

la boîte

pembuka kaleng

l'ouvre-boîte

pegangan panci

les maniques

wastafel

le lavabo

sikat

la brosse

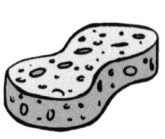

busa

l'éponge

mesin pencampur

le mixeur

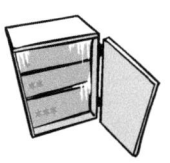

lemari es

le congélateur

botol bayi

le biberon

keran

le robinet

kamar mandi

la salle de bain

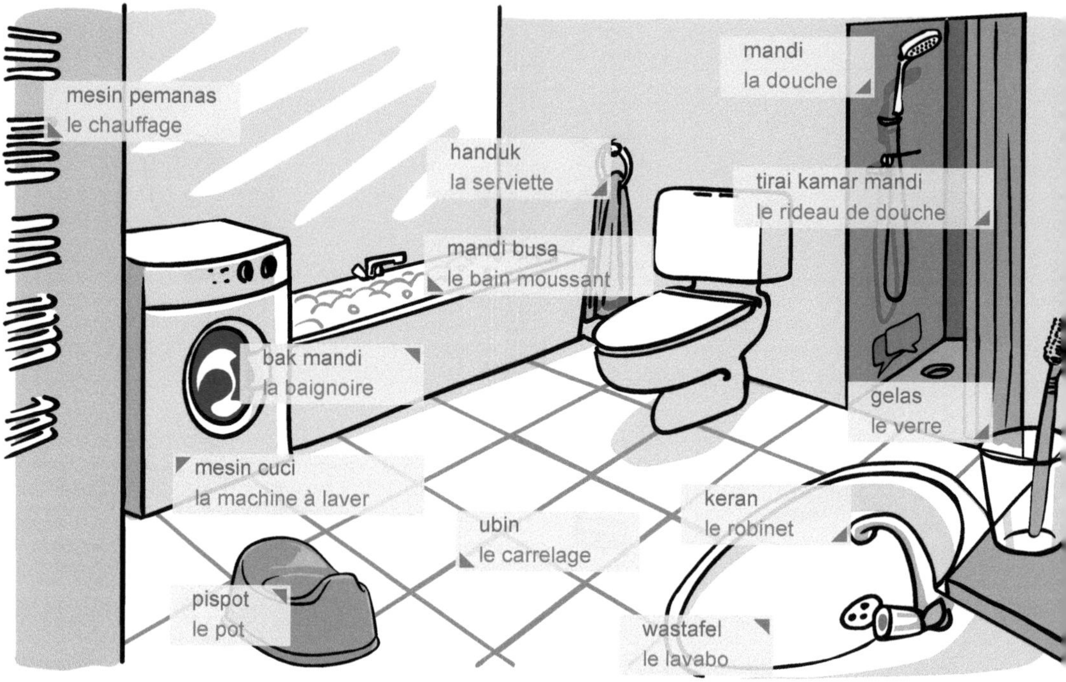

mesin pemanas
le chauffage
handuk
la serviette
mandi
la douche
tirai kamar mandi
le rideau de douche
mandi busa
le bain moussant
bak mandi
la baignoire
gelas
le verre
mesin cuci
la machine à laver
keran
le robinet
ubin
le carrelage
pispot
le pot
wastafel
le lavabo

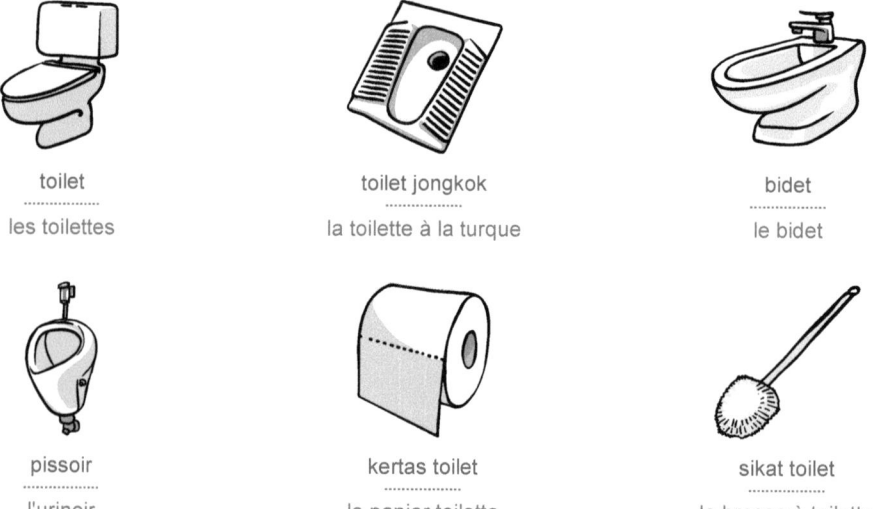

toilet

les toilettes

toilet jongkok

la toilette à la turque

bidet

le bidet

pissoir

l'urinoir

kertas toilet

le papier toilette

sikat toilet

la brosse à toilette

sikat gigi

la brosse à dents

pasta gigi

le dentifrice

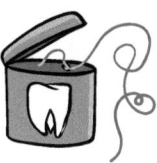

benang gigi

le fil dentaire

menyuci

laver

pancuran tangan

la douche manuelle

pancuran

la douche intime

bak

la vasque

sikat punggung

la brosse dorsale

sabun

le savon

gel mandi

le gel douche

sampo

le shampooing

planel

le gant de toilette

kuras

l'écoulement

krim

la crème

deodoran

le déodorant

kaca

le miroir

cermin tangan

le miroir cosmétique

pisau cukur

le rasoir

busa cukur

la mousse à raser

aftershave

l'après-rasage

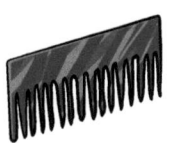

sisir

la peigne

sikat

la brosse

alat pengering rambut

le sèche-cheveux

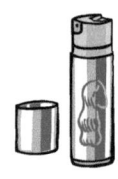

semprot rambut

la laque pour cheveux

makeup

le fond de teint

lipstik

le rouge à lèvres

cat kuku

le vernis à ongles

kapas

l'ouate

gunting kuku

le coupe-ongles

minyak wangi

le parfum

kantong pencuci

la trousse de toilette

bangku

le tabouret

timbangan

le pèse-personne

mantel mandi

le peignoir

sarung tangan karet

les gants de nettoyage

tampon

le tampon

handuk pembalut

les serviettes hygiéniques

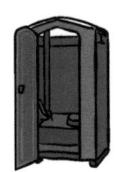

toilet kimia

la toilette chimique

jam alarm
le réveil

boneka tidur
le doudou

mobil-mobilan
la voiture jouet

kelintung
le hochet

rumah boneka
la maison de poupée

kado
le cadeau

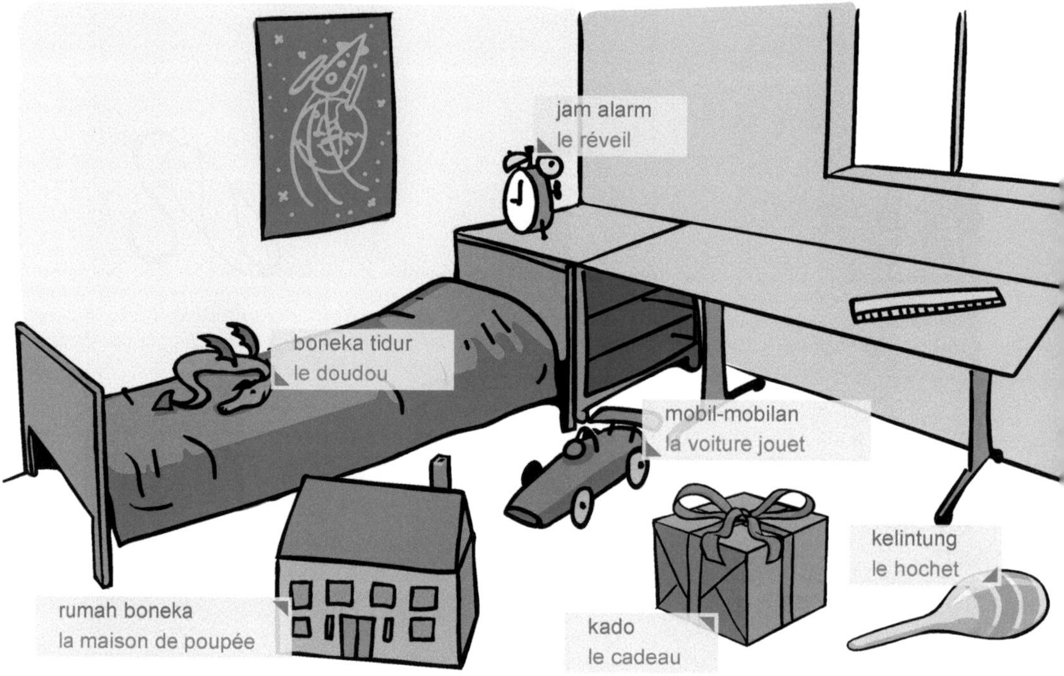

balon
le ballon

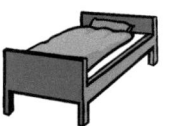

tempat tidur
le lit

kereta bayi
la poussette

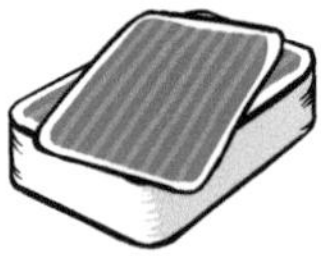

mainan kartu
le jeu de cartes

teka-teki
le puzzle

komik
la bande dessinée

mainan lego

les pièces lego

blok mainan

les blocs de construction

figur aksi

la figurine

baju monyet

la grenouillère

frisbee

le frisbee

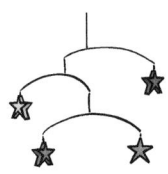

mobile

le mobile

permainan papan

le jeu de société

dadu

le dé

set model kreta api

le train miniature

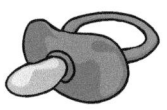

dot

la sucette

pesta

la fête

buku gambar

le livre d'images

bola

la balle

boneka

la poupée

bermain

jouer

tempat main pasir

le bac à sable

ayunan

la balançoire

mainan

les jouets

video game konsol

la console de jeu

sepeda roda tiga

le tricycle

teddy

l'ours en peluche

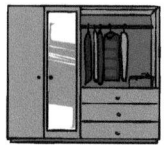

lemari pakaian

l'armoire

pakaian

les vêtements

kaos kaki

les chaussettes

kaos kaki

les bas

baju ketat

le collant

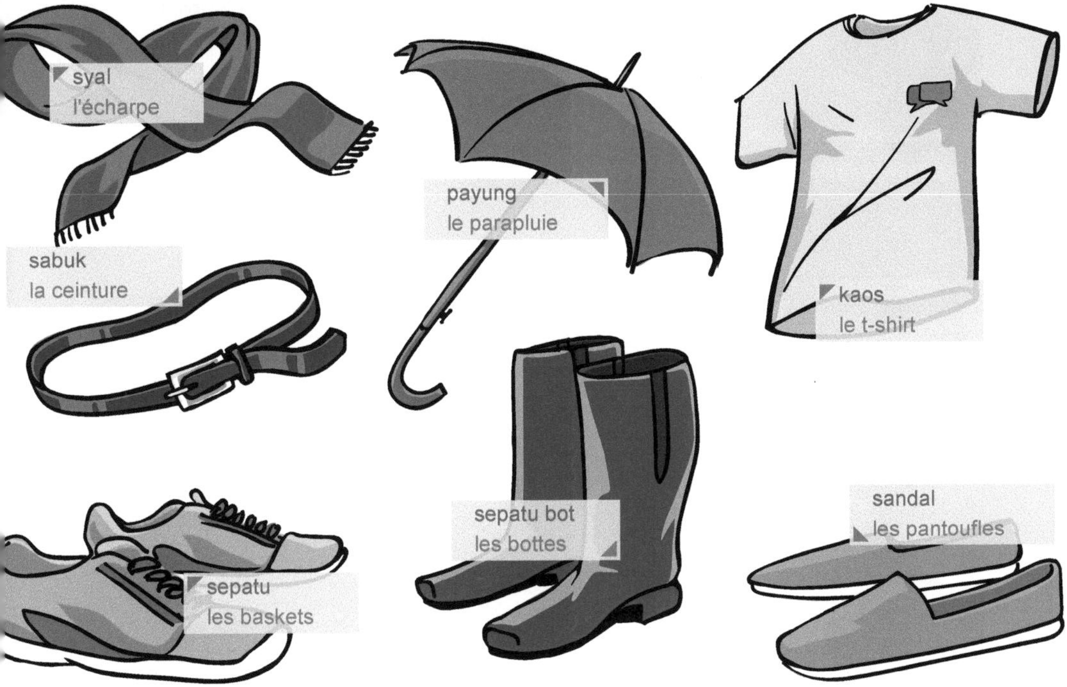

syal
l'écharpe

payung
le parapluie

sabuk
la ceinture

kaos
le t-shirt

sepatu bot
les bottes

sandal
les pantoufles

sepatu
les baskets

sandal

les sandales

sepatu

les chaussures

sepatu bot karet

les bottes de caoutchouc

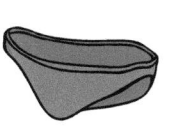

celana dalam

les sous-vêtements

BH

le soutien-gorge

baju rompi

le maillot de corps

body

le body

celana

le pantalon

jeans

le jean

rok

la jupe

blus

le chemisier

kemeja

la chemise

aket berkerudung

le pull

sweater

le sweat à capuche

jaket

la veste

jaket

la veste

mantel

le manteau

jas hujan

l'imperméable

kostum

le costume

gaun

la robe

gaun pengantin

la robe de mariée

setelan resmi

le costume

gaun tidur

la chemise de nuit

piyama

le pyjama

sari

le sari

jilbab

le foulard

turban

le turban

burka

la burqa

kaftan

le caftan

abaya

l'abaya

pakaian renang

le maillot de bain

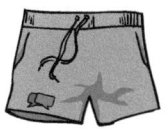

celana renang

le maillot de bain

celana pendek

le short

olah raga

la tenue d'entraînement

celemek

le tablier

sarung tangan

les gants

kancing

le bouton

kacamata

les lunettes

gelang

le bracelet

kalung

le collier

cincin

la bague

anting

la boucle d'oreille

topi

le bonnet

gantungan mantel

le cintre

topi

le chapeau

dasi

la cravate

ritsleting

la fermeture éclair

helm

le casque

tali selempang

les bretelles

seragam sekolah

l'uniforme scolaire

seragam

l'uniforme

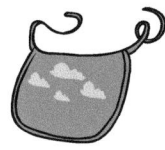

oto

le bavoir

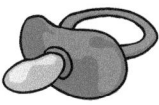

dot

la sucette

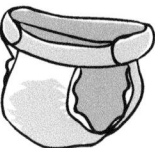

popok

la lange

kantor

le bureau

server
le serveur
lemari arsip
l'armoire d'archivage
pencetak
l'imprimante
kertas
le papier
layar
l'écran
mouse komputer
la souris
meja kerja
le bureau
tempat pengarsipan
le classeur
papan tombol
le clavier
kursi
la chaise
tempat sampah
la corbeille à papier
computer
l'ordinateur

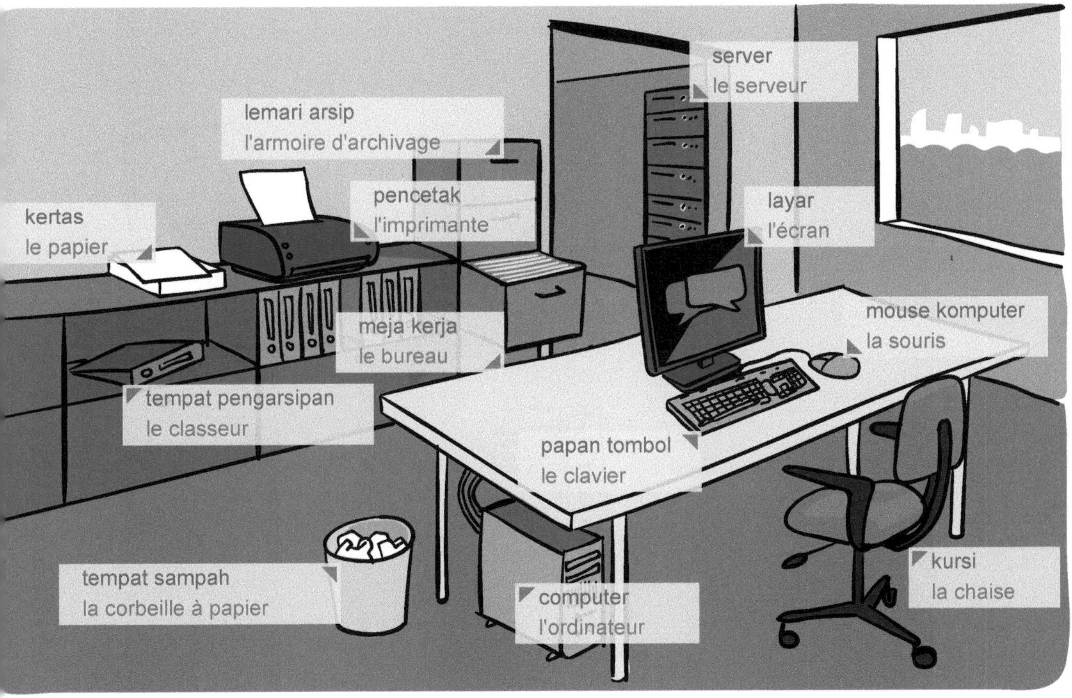

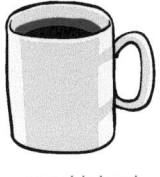

cangkir kopi

la tasse de café

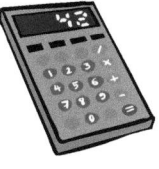

kalkulator

la calculatrice

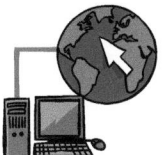

internet

l'internet

laptop

l'ordinateur portable

surat

la lettre

pesan

le message

telepon seluler

le portable

jaringan

le réseau

fotokopi

la photocopieuse

software

le logiciel

telepon

le téléphone

plug soket

la prise

mesin fax

le fax

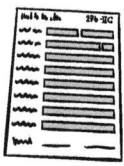

formulir

le formulaire

dokumen

le document

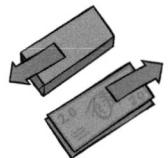

membeli

acheter

membayar

payer

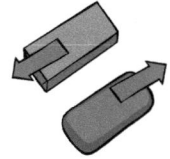

berdagang

faire du commerce

uang

la monnaie

Dollar

le dollar

Euro

l'euro

Yen

le yen

Rubel

le rouble

Franc Swiss

le franc suisse

Renminbi Yuan

le renminbi yuan

Rupiah

la roupie

ATM

le distributeur automatique

kantor pertukaran mata uang

le bureau de change

emas

l'or

perak

l'argent

minyak

le pétrole

energi

l'énergie

harga

le prix

kontrak

le contrat

pajak

la taxe

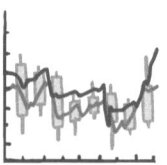

saham

l'action

bekerja

travailler

karyawan

l'employé

majikan

l'employeur

pabrik

l'usine

toko

le magasin

pekerjaan
les professions

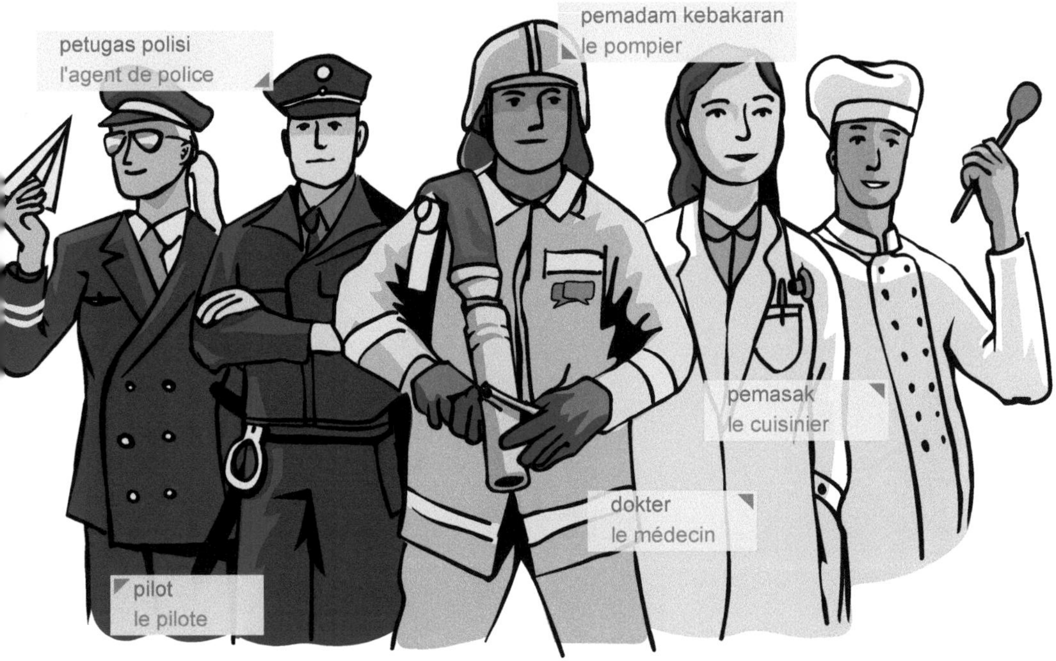
petugas polisi
l'agent de police
pemadam kebakaran
le pompier
pemasak
le cuisinier
dokter
le médecin
pilot
le pilote

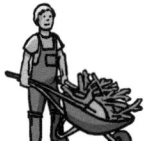

tukan kebun

le jardinier

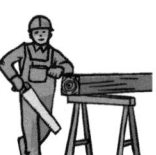

tukang kayu

le menuisier

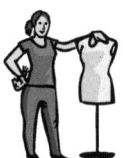

penjahit wanita

la couturière

hakim

le juge

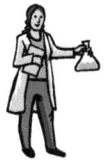

ahli kimia

le chimiste

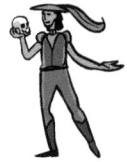

aktor

l'acteur

sopir bis

le conducteur de bus

sopir taksi

le chauffeur de taxi

nelayan

le pêcheur

pembantu

la femme de ménage

tukang atap

le couvreur

pelayan

le serveur

pemburu

le chasseur

pelukis

le peintre

tukang roti

le boulanger

tukang listrik

l'électricien

pembangun

l'ouvrier

insinyur

l'ingénieur

tukang daging

le boucher

tukang ledeng

le plombier

tukang pos

le facteur

pekerjaan - les professions

tentara

le soldat

arsitek

l'architecte

kasir

le caissier

penjual bunga

le fleuriste

penata rambut

le coiffeur

konduktor

le contrôleur

montir

le mécanicien

kapten

le capitaine

dokter gigi

le dentiste

ilmuwan

le scientifique

rabbi

le rabbin

imam

l'imam

biarawan

le moine

pendeta

le prêtre

alat

les outils

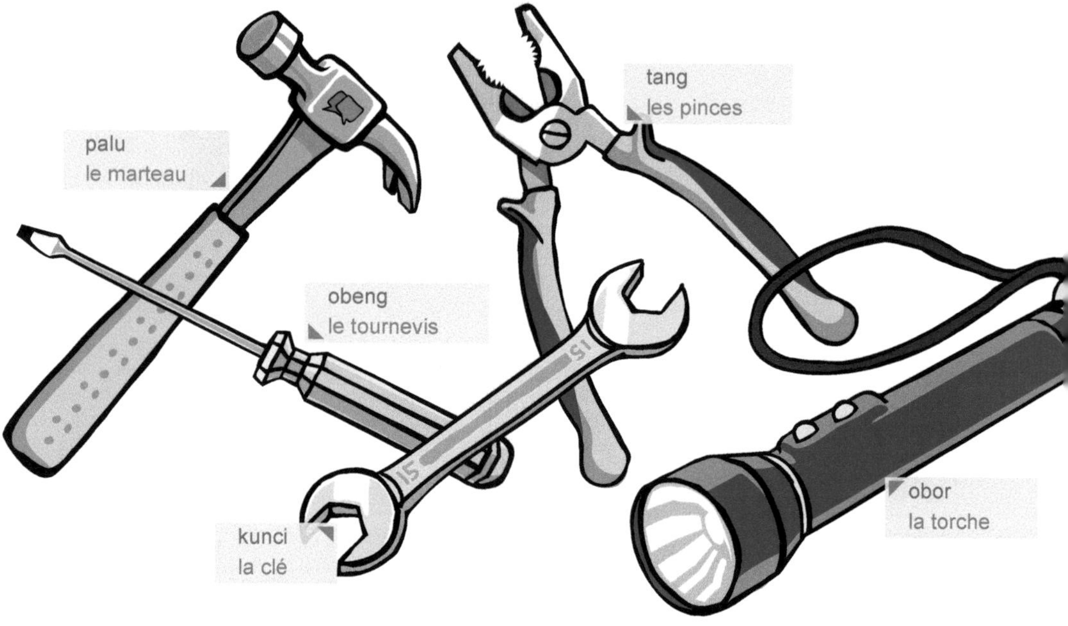
palu
le marteau
tang
les pinces
obeng
le tournevis
kunci
la clé
obor
la torche

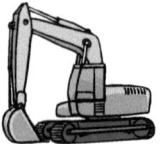

penggali

la pelleteuse

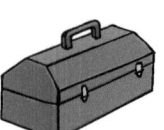

tas perkakas

la boîte à outils

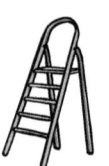

tangga

l'échelle

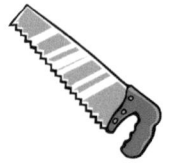

gergaji

la scie

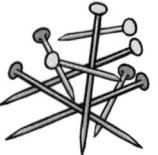

paku

les clous

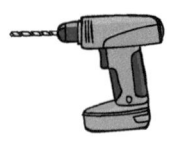

bor

la perceuse

perbaikan

réparer

sekop

la pelle

Sialan!

Mince !

cikrak

la pelle

pot cat

le pot de peinture

sekrup

les vis

alat musik
les instruments de musique

pengeras suara
le haut-parleurs

alat drum
la batterie

gitar
la guitare

bas
la contrebasse

trompet
la trompette

piano

le piano

violin

le violon

bass

la basse

tambur

les timbales

drum

le tambour

keyboard

le piano électrique

saksofon

le saxophone

suling

la flûte

mikrofon

le microphone

kebun binatang
le zoo

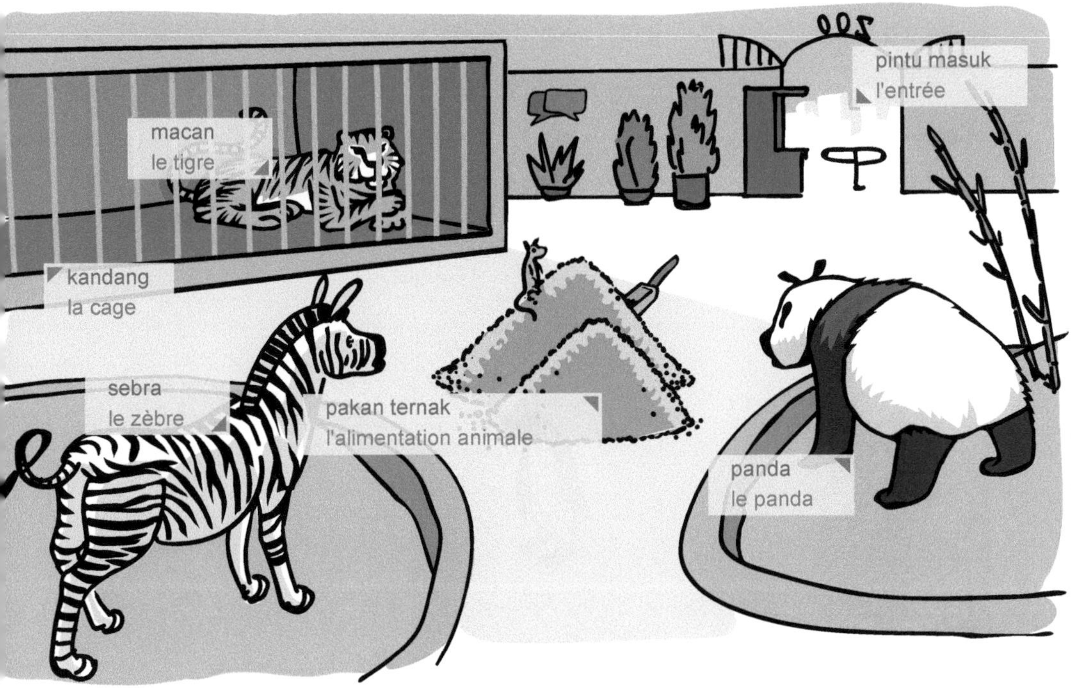

pintu masuk
l'entrée
macan
le tigre
kandang
la cage
sebra
le zèbre
pakan ternak
l'alimentation animale
panda
le panda

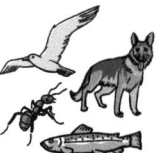

hewan

les animaux

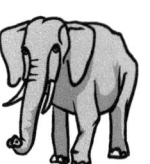

gajah

l'éléphant

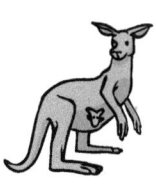

kanguru

le kangourou

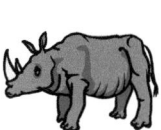

badak

le rhinocéros

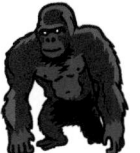

gorila

le gorille

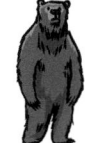

beruang

l'ours

unta

le chameau

burung unta

l'autruche

singa

le lion

monyet

le singe

flamingo

le flamand rose

burung beo

le perroquet

beruang polar

l'ours polaire

penguin

le pingouin

hiu

le requin

merak

le paon

ular

le serpent

buaya

le crocodile

penjaga kebun binatang

le gardien de zoo

segel

le phoque

jaguar

le jaguar

kuda poni

le poney

macan tutul

le léopard

kuda nil

l'hippopotame

jerapah

la girafe

burung elang

l'aigle

babi jantan

le sanglier

ikan

le poisson

kura-kura

la tortue

anjing laut

le morse

rubah

le renard

kijang

la gazelle

olahraga
les sports

american football
l'american Football

naik sepeda
le cyclisme

tennis
le tennis

basketbal
le basket-ball

bernang
la natation

hoki es
le hockey sur glace

tinju
la boxe

sepak bola

le football

badminton

le badminton

atletik

l'athlétisme

bola tangan

le handball

main ski

le ski

polo

le polo

ketawa
rire

meloncat
sauter

memeluk
embrasser

berjalan
marcher

menyanyi
chanter

mengimpi
rêver

berdoa
prier

mencium
faire la bise

menulis

écrire

melukis

dessiner

menunjuk

montrer

mendorong

pousser

memberikan

donner

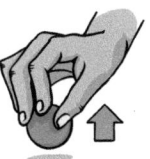

mengambil

prendre

mempunyai
avoir

melakukan
faire

adalah
être

berdiri
être debout

berlari
courir

menarik
trier

melempar
jeter

jatuh
tomber

tidur
être couché

menunggu
attendre

membawa
porter

duduk
être assis

berpakaian
s'habiller

tidur
dormir

bangun
se réveiller

melihat

regarder

menangis

pleurer

mengelus

caresser

menyisir

peigner

berbicara

parler

mengerti

comprendre

menanyak

demander

mendengar

écouter

minum

boire

makan

manger

merapikan

ranger

cinta

aimer

memasak

cuire

menyetir

conduire

terbang

voler

aktivitas - les activités 65

berlayar

faire de la voile

menghitung

calculer

membaca

lire

belajar

apprendre

bekerja

travailler

menikah

se marier

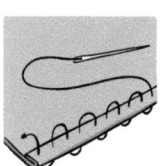

menjahit

coudre

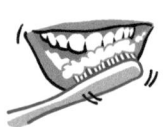

sikat gigi

brosser les dents

membunuh

tuer

merokok

fumer

kirim

envoyer

nenek
la grand-mère

kakek
le grand-père

bapak
le père

ibu
la mère

bayi
le bébé

putri
la fille

putra
le fils

tamu

l'hôte

bibi

la tante

paman

l'oncle

kakak laki

le frère

kakak perempuan

la sœur

badan

le corps

dahi
le front
mata
l'œil
bahu
l'épaule
jari
le doigt
muka
le visage
dagu
le menton
tangan
la main
kaki
la jambe
payudara
la poitrine
lengan
le bras

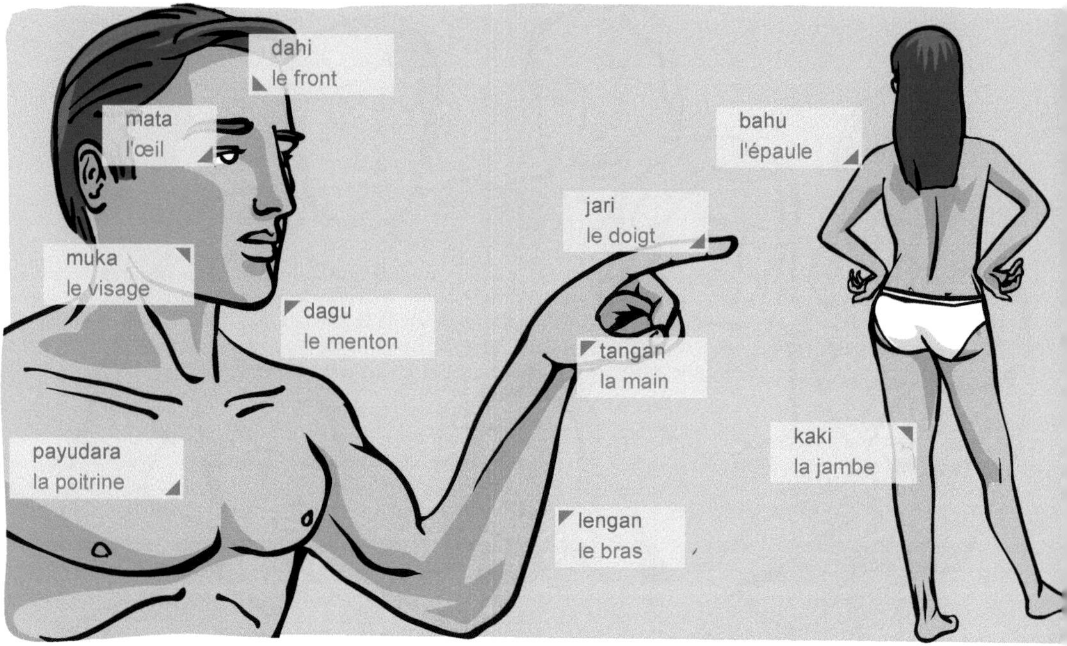

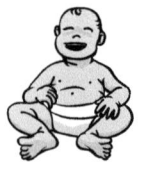

bayi
le bébé

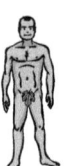

pria
l'homme

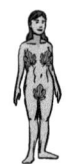

wanita
la femme

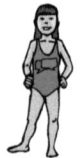

perempuan
la fille

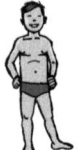

laki
le garçon

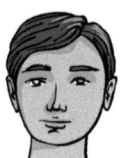

kepala
la tête

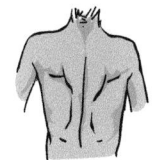

punggung

le dos

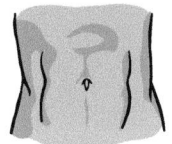

perut

le ventre

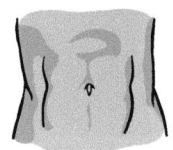

pusar

le nombril

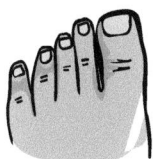

toe

l'orteil

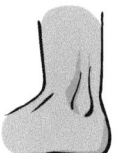

tumit

le talon

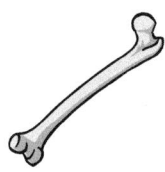

tulang

l'os

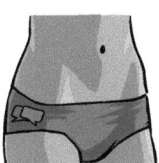

pinggang

la hanche

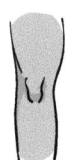

lutut

le genou

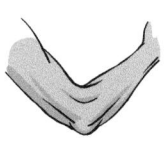

siku

le coude

hidung

le nez

pantat

les fesses

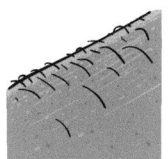

kulit

la peau

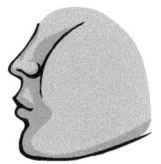

pipi

la joue

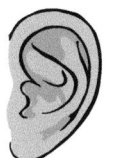

telinga

l'oreille

bibir

la lèvre

mulut

la bouche

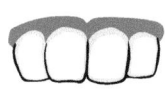

gigi

la dent

lidah

la langue

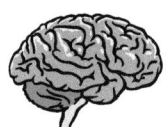

otak

le cerveau

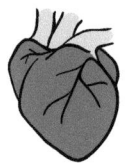

jantung

le cœur

otot

le muscle

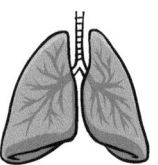

paru-paru

les poumons

hati

le foie

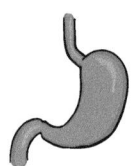

stomach

l'estomac

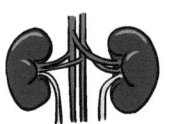

ginjal

les reins

hubungan seks

le rapport sexuel

kondom

le préservatif

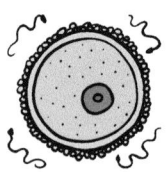

sel telur

l'ovule

sperma

le sperme

kehamilan

la grossesse

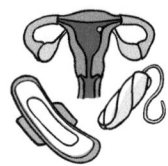

menstruasi
....
la menstruation

vagina
....
le vagin

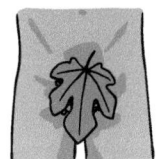

penis
....
le pénis

alis
....
le sourcil

rambut
....
les cheveux

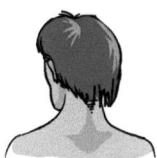

leher
....
le cou

rumah sakit

l'hôpital

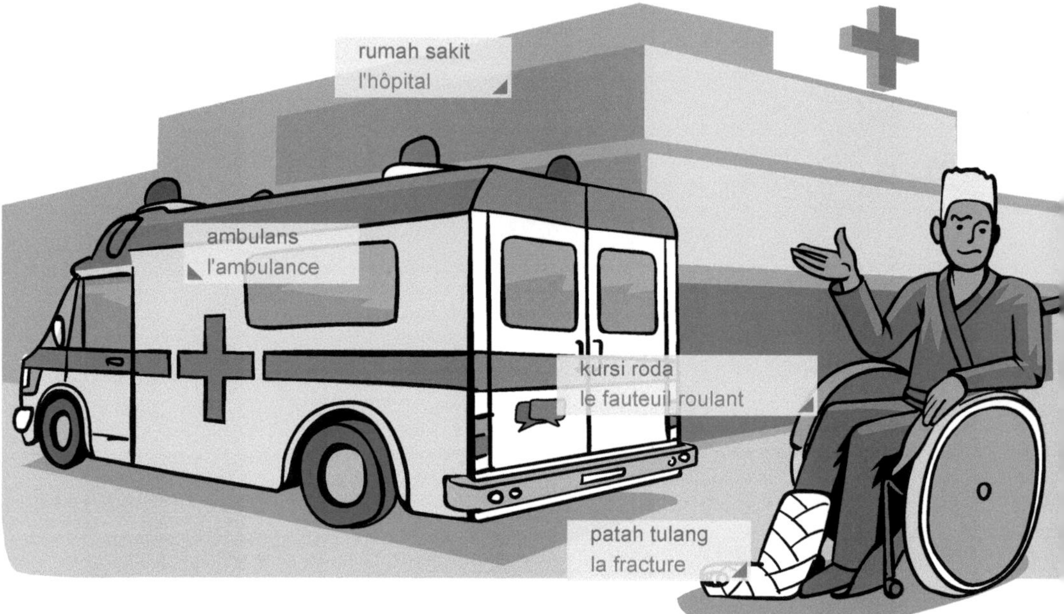

rumah sakit
l'hôpital
ambulans
l'ambulance
kursi roda
le fauteuil roulant
patah tulang
la fracture

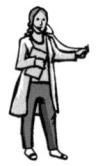

dokter

le médecin

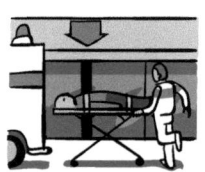

ruang darurat

le service des urgences

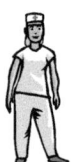

perawat

l'infirmière

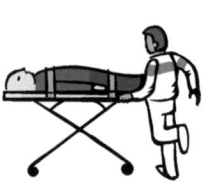

darurat

l'urgence

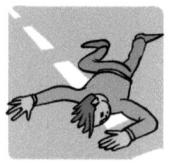

semaput

inconscient

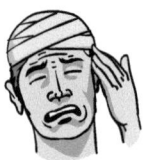

sakit

la douleur

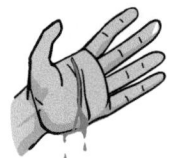

cedera

la blessure

perdarahan

l'hémorragie

serangan jantung

la crise cardiaque

stroke

l'attaque cérébrale

alergi

l'allergie

batuk

la toux

demam

la fièvre

flu

la grippe

diare

la diarrhée

sakit kepala

le mal de tête

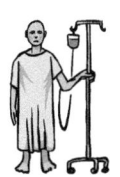

kanker

le cancer

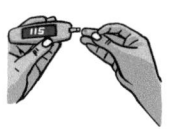

diabetes

le diabète

ahli bedah

le chirurgien

pisau bedah

le scalpel

operasi

l'opération

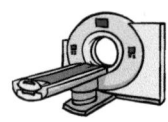

CT

le CT

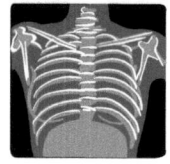

sinar x

la radiographie

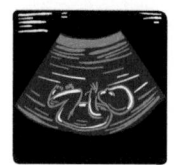

usg

l'échographie

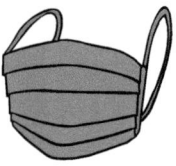

topeng

le masque

penyakit

la maladie

ruang tunggu

la salle d'attente

penyokong

la béquille

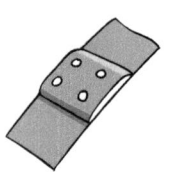

plester

le pansement

perban

le pansement

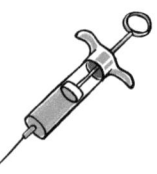

injeksi

l'injection

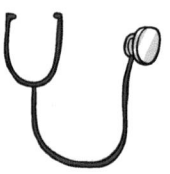

stetoskop

le stéthoscope

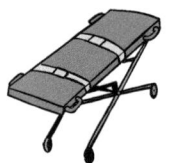

usungan

le brancard

termometer klinis

le thermomètre

kelahiran

l'accouchement

kelebihan berat badan

la surcharge pondérale

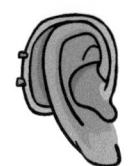

alat pendengar

l'appareil auditif

desinfektan

le désinfectant

infeksi

l'infection

virus

le virus

HIV / AIDS

le VIH / le sida

obat

le médicament

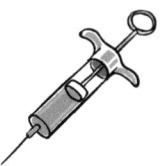

vaksinasi

la vaccination

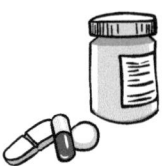

tablet

les comprimés

pil

la pilule

panggilan darurat

l'appel d'urgence

ukur tekanan darah

le tensiomètre

sakit / sehat

malade / sain

Tolong!

Au secours !

alarm

l'alarme

penyerbuan

l'assaut

serangan

l'attaque

bahaya

le danger

pintu darurat

la sortie de secours

Api!

Au feu!

alat pemadam kebakaran

l'extincteur

kecelakaan

l'accident

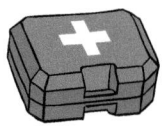

kit pertolongan pertama

la trousse de premier
secours

SOS

SOS

polisi

la police

Eropa

l'Europe

Amerika Utara

l'Amérique du Nord

Amerika Selatan

l'Amérique du Sud

Afrika

l'Afrique

Asia

l'Asie

Australi

l'Australie

Atlantik

l'Océan atlantique

Pasifik

l'Océan pacifique

Samudra India

l'Océan indien

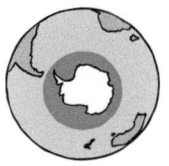

Samudra Antartika

l'Océan antarctique

Samudra Arktik

l'Océan arctique

kutub utara

le Pôle nord

kutub selatan

le Pôle sud

Antarktika

l'Antarctique

bumi

la terre

tanah

le pays

laut

la mer

pulau

l'île

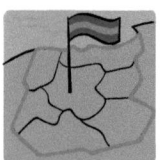

bangsa

la nation

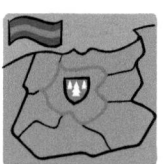

negara

l'état

jam wajah

le cadran

jarum pendek

l'aiguille des heures

jarum menit

l'aiguille des minutes

jarum detik

l'aiguille des secondes

Jam berapa?

Quelle heure est-il ?

hari

le jour

waktu

le temps

sekarang

maintenant

jam digital

la montre digitale

menit

la minute

jam

l'heure

minggu
la semaine

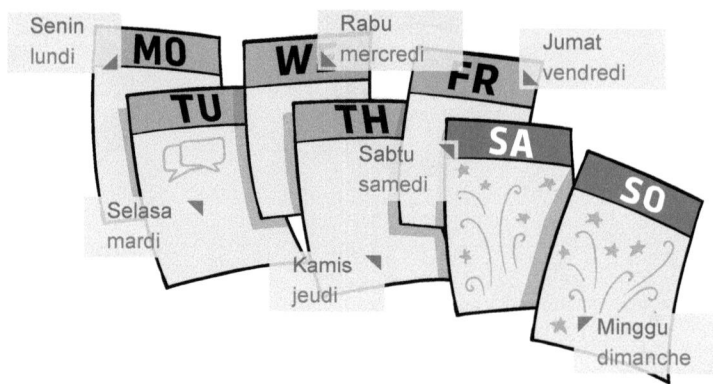

kemaren

hier

hari ini

aujourd'hui

besok

demain

pagi

le matin

siang

le midi

malam

le soir

MO	TU	WE	TH	FR	SA	SU
1	2	3	4	5	6	7
8	9	10	11	12	13	14
15	16	17	18	19	20	21
22	23	24	25	26	27	28
29	30	31	1	2	3	4

hari kerja

les jours ouvrables

MO	TU	WE	TH	FR	SA	SU
1	2	3	4	5	6	7
8	9	10	11	12	13	14
15	16	17	18	19	20	21
22	23	24	25	26	27	28
29	30	31	1	2	3	4

akhir minggu

le week-end

tahun
l'année

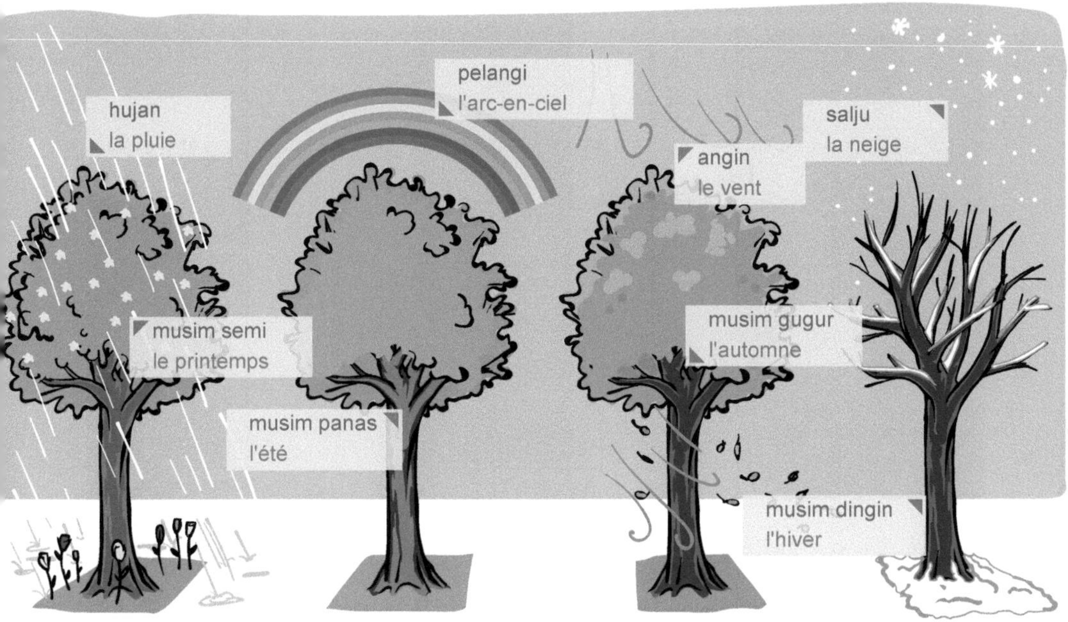
hujan
la pluie
pelangi
l'arc-en-ciel
salju
la neige
angin
le vent
musim semi
le printemps
musim gugur
l'automne
musim panas
l'été
musim dingin
l'hiver

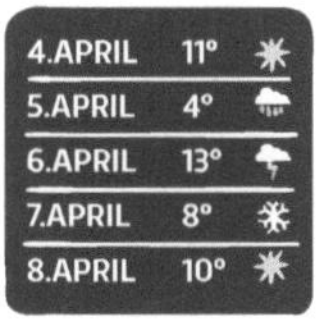
4.APRIL 11°
5.APRIL 4°
6.APRIL 13°
7.APRIL 8°
8.APRIL 10°

ramalan cuaca

la météo

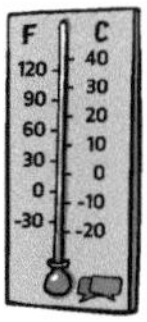
F C
120 40
90 30
60 20
30 10
0 0
-30 -10
-20

termometer

le thermomètre

matahari

la lumière du soleil

awan

le nuage

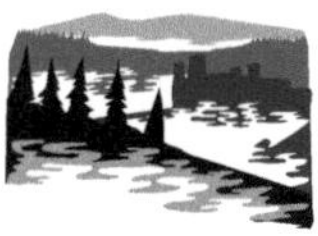

kabut

le brouillard

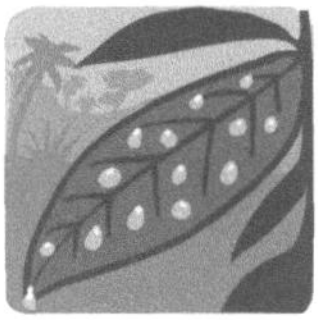

kelembahan

l'humidité

kilat

la foudre

guntur

la tonnerre

badai

la tempête

hujan es

la grêle

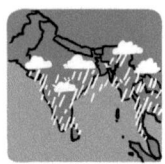

monsun

la mousson

banjir

l'inondation

es

la glace

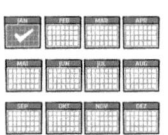

Januari

janvier

Februari

février

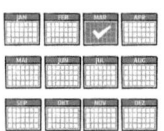

Maret

mars

April

avril

Mei

mai

Juni

juin

Juli

juillet

Agustus

août

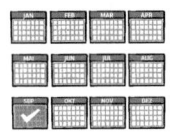

September
....
septembre

Oktober
....
octobre

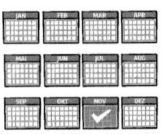

November
....
novembre

Desember
....
décembre

lingkaran
....
le cercle

persegi
....
le carré

persegi panjang
....
le rectangle

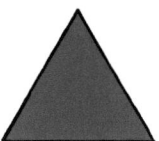

segi tiga
....
le triangle

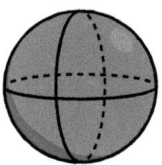

bola
....
la sphère

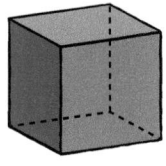

kubus
....
le cube

putih

blanc

kuning

jaune

oranye

orange

pink

rose

merah

rouge

ungu

violet

biru

bleu

hijau

vert

coklat

marron

abu-abu

gris

hitam

noir

banyak / sedikit

beaucoup / peu

marah / tenang

fâché / calme

cantik / jelek

joli / laid

mulaih / selesai

le début / la fin

besar / kecil

grand / petit

terang / gelap

clair / obscure

saudara laki-laki / saudara perempuan

frère / soeur

bersih / kotor

propre / sale

lengkap / tidak lengkap

complet / incomplet

hari / malam

le jour / la nuit

mati / hidup

mort / vivant

luas / sempit

large / étroit

dapat dimakan / tidak dapat
dimakan

comestible / incomestible

jahat / baik

méchant / gentil

bersemangat / bosan

excité / ennuyé

gemuk / kurus

gros / mince

pertama / terakhir

le premier / le dernier

teman / musuh

l'ami / l'ennemi

penuh / kosong

plein / vide

keras / lembut

dur / souple

berat / enteng

lourd / léger

lapar / haus

faim / soif

sakit / sehat

malade / sain

ilegal / legal

illégal / légal

cerdas / bodoh

intelligent / stupide

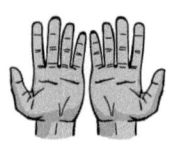

kiri / kanan

gauche / droite

dekat / jauh

proche / loin

baru / bekas
....
nouveau / usé

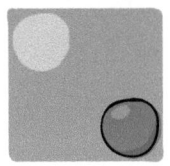

tidak ada apapun / sesuatu
....
rien / quelque chose

tua / muda
....
vieux / jeune

nyala / mati
....
marche / arrêt

buka / tutup
....
ouvert / fermé

tenang / keras
....
faible / fort

kaya / miskin
....
riche / pauvre

benar / salah
....
correct / incorrect

kasar / halus
....
rugueux / lisse

sedih / gembira
....
triste / heureux

pendek / panjang
....
court / long

pelan-pelan / cepat
....
lent / rapide

basah / kering
....
mouillé / sec

hangat / sejuk
....
chaud / froid

perang / damai
....
la guerre / la paix

0

nol

zéro

1

satu

un / une

2

dua

deux

3

tiga

trois

4

empat

quatre

5

lima

cinq

6

enam

six

7

tujuh

sept

8

delapan

huit

9

sembilan

neuf

10

sepuluh

dix

11

sebelas

onze

12

duabelas

douze

13

tigabelas

treize

14

empatbelas

quatorze

15

limabelas

quinze

16

enambelas

seize

17

tujuhbelas

dix-sept

18

delapanbelas

dix-huit

19

sembilanbelas

dix-neuf

20

duapuluh

vingt

100

seratus

cent

1.000

seribu

mille

1.000.000

juta

le million

bahasa-bahasa
les langues

Inggris

l'anglais

bahasa Inggris Amerika

l'anglais américain

bahasa Cina Mandarin

le chinois mandarin

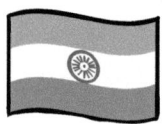

bahasa Hindi

le hindi

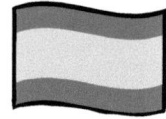

bahasa Spanyol

l'espagnol

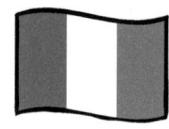

bahasa Perancis

le français

bahasa Arab

l'arabe

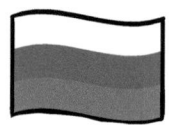

bahasa Rusia

le russe

bahasa Portugis

le portugais

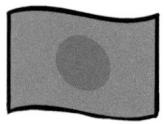

bahasa Bengal

le bengali

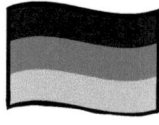

bahasa Jerman

l'allemand

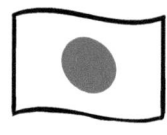

bahasa Jepang

le japonais

saya

je

kamu

tu

dia

il / elle / ce, c', cela

kita

nous

kalian

vous

mereka

ils / elles

siapa?

Qui ?

apa?

Quoi ?

begaimana?

Comment ?

dimana?

Où ?

kapan?

Quand ?

nama

le nom

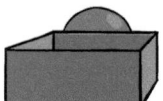

dibelakang

derrière

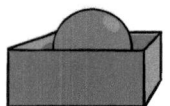

di

dans

didepan

devant

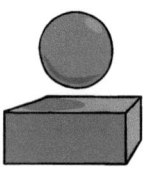

diatas

au-dessus

diatas

sur

dibawah

en-dessous

sebelah

à côté de

di antara

entre

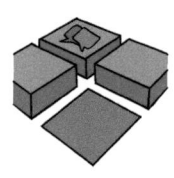

tempat

le lieu